AF488037

BETINA LOBO

O Castelo do Ser: Segredos Sussurrados no Vento

NONSUCH MEDIA PTE. LTD.
SINGAPURA

ISBN: 979-8-89214-051-5

Primeira edição publicada em 2023

Título: O Castelo do Ser: Segredos Sussurrados no Vento
Autora: Betina Lobo
Editores: A. Lee, Gastão Lobo
Design de Capa: Álvaro Oliveira para Nonsuch Media Pte. Ltd.
Execução Gráfica: Álvaro Oliveira para Nonsuch Media Pte. Ltd.

info@nonsuchmedia.com | nonsuchmedia.com

 Índice

O MILAGRE DIÁRIO

A cada amanhecer, sou conquistada,
Pelo milagre da natureza, renovada.

A pureza da aurora, o frescor da brisa,
Cada dia, uma sinfonia, uma prece precisa.

Na alvorada, o mundo renasce,

A natureza, como arte, se refaz, eficaz.
Sou dominada, pela magia renovada,
Cada dia, uma tela, esplendidamente pintada.

O verde das folhas, o azul do céu,
A cada dia, um renovo, um papel.
Nesta peça divina, sou espetador,
De um milagre diário, radiante em cor.

9

A DANÇA DA NATUREZA

As flores abrem-se, o sol se eleva,
Em cada canto, a vida se revela.
Cativada, vejo a natureza se limpar,
A cada amanhecer, pronta para encantar.

Entre raios de sol e gotas de orvalho,
A natureza canta, um divino trabalho.
Eu, humilde, prostro-me, maravilhada,
Pela arte de Deus, a cada ocasião, retratada.

As estrelas se recolhem, a luz se espalha,
E a terra, graciosamente, exala.
Sou vencida pelo milagre da criação,
A natureza, na sua pureza, é adoração.

Na vastidão da minha ...
se desenha,
Sou um universo de almas, onde a luz ace

O JARDIM DAS EXISTÊNCIAS

A cada dia, o milagre se repete,
A natureza, na sua dança, compete.
Com a arte mais fina, mais profunda,
Na sua pureza, o universo se funda.

Desdobro-me em vários, numa dança interna,
Cada ser, com a sua vida, a sua lanterna.
Na vastidão da minha existência, uma
liberdade se desenha,
Sou um universo de almas, onde a luz acena.

Na paisagem da alma, florescem vidas diversas,
Cada uma com os seus dramas, suas conversas.
Dentro de mim, um espaço infinito se revela,
Onde a tristeza dança com a alegria, bela.

Pessimismo e idealismo, mão em mão,
Convivem no meu peito, sem contradição.
Sou um palco onde atores de sentimentos variados,
Encenam as suas peças, lado a lado.

Cada ser é um planeta, um universo,
Com os seus contornos, seu verso.
Na galáxia da minha alma, estrelas brilham,
Sentimentos e pensamentos, juntos, trilham.

Dentro de mim, uma orquestra toca,
Cada instrumento, uma alma, invoca.
Juntos, criam a sinfonia da existência,
Onde a morte e a vida têm convivência.

Pessimismo e idealismo, mão em mão,
Convivem no meu peito, sem contradição.

A SINFONIA DA EXISTÊNCIA

O INFINITO EU

Sou um oceano de almas, profundo e vasto,
Onde cada onda é um ser, um rasto.
Na imensidão do meu ser, descubro a liberdade,
Um espaço onde a morte é apenas uma vaidade.

Na abertura para o múltiplo, sou livre,
Cada ser, uma história, um livro.
A liberdade não é unidade, mas diversidade,
Na multiplicidade, encontro a verdadeira liberdade.

Na multiplicidade do eu, uma morte se concebe,
Sem o fim da existência, que em mim se tece.
Mato partes de mim, renasço renovada,
Numa dança de morte e vida, estou alinhada.

SONHOS DE ENCONTRO

Nos sonhos, mergulho no oceano do ser,
Entre estrelas e sombras, começo a me ler.
Cada visão noturna, um espelho refletindo,
A alma desvelada, em cores, sorrindo.

Na quietude da noite, a alma se desvela,
Nos jardins dos sonhos, cada flor uma aguarela.
É um ballet silencioso, onde o eu se descobre,
Entre as dobras do sono, a identidade se cobre.

Os sonhos, feitos rios, fluem na escuridão,
Desvendando caminhos, desenhando a mão.
São mapas estelares, onde o eu se encontra,
Na dança da noite, a alma desponta.

14

O DESABROCHAR DO EU

A cada sonho, uma pétala abre-se,
No jardim interno, a essência sabe-se.
É um universo de descobertas, um mar,
Onde o eu navega, aprendendo a se amar.

Cada nota, um sentimento, cada acorde, uma visão,
Na música dos sonhos, encontro a minha canção.
É na melodia noturna, que o mistério se desvenda,
E na quietude do sono, a alma se encomenda.

Os sonhos pintam quadros de luz e sombra,
Onde cada cor revela, e a verdade assombra.
Na galeria do sono, vejo-me refletida,
Um eu desconhecido, agora conhecido.

O Desabrochar do Eu
O Desabrochar do Eu

15

PALCO DOS SONHOS

Na trama dos sonhos, sou o enigma e a decifradora,
Entre as linhas do sono, sou a autora e a leitora.
Cada sonho, um capítulo da história do eu,
Onde o mistério da existência se oferece e se deu.

Nos palcos dos sonhos, a coreografia da alma,
Cada passo, um aspeto do ser, que acalma.
Na dança onírica, encontro-me e me perco,
E na melodia do sono, a mim mesma, ofereço.

Respiro na penumbra onde a noite beija o dia,
Neste crepúsculo, os sonhos são a melodia.
É um ballet eterno, um viver quase
acordada,
Na orla dos sonhos, eternamente
embalada.

16

Meus sonhos, como estrelas, iluminam a minha existência,
Dançam ao redor, tecendo a luz da persistência.
  Viver ao lado deles é dançar na alvorada,
Sempre à beira do despertar, na encruzilhada.

  Vivo na fronteira ténue do sono e vigília,
Onde sonhos se misturam com a realidade tranquila.
Cada momento, suspensa entre o sonhar e o acordar,
  Neste limiar, encontro um lugar para habitar.

A melodia dos sonhos ecoa no silêncio do amanhecer,
  Cada nota, um prelúdio do despertar,
    pronta para acontecer.
  Nesta sinfonia, encontro a minha morada,
    Ao lado dos sonhos, a alma é iluminada.

MORADA DOS SONHOS

A CANÇÃO DA AURORA

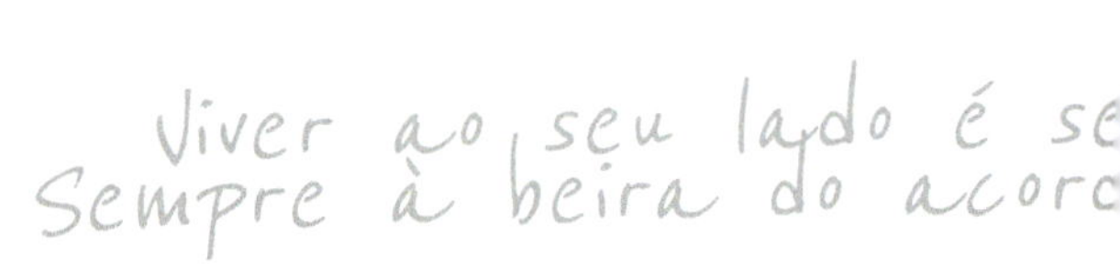

Como um lago sereno refletindo a lua,
Os meus sonhos espelham um alvorecer que atua.
Ao lado deles, habito um espaço indefinido,
Entre o sonhar e o despertar, estou unida.

A cada sonho, sinto o toque suave da manhã,
Uma carícia que me leva à janela da manhã.

Vivo neste intervalo, entre o sonho e a luz,
Onde a vida é um eterno raiar, que seduz.

No umbral do despertar, os sonhos são asas,
Levam-me aos céus, onde a aurora abraça.
Viver ao sey lado é ser pássaro em voo,
Sempre à beira do acordar, onde tudo é novo.

18

ECOS MUDOS

Ocasionalmente, mergulho no vácuo silencioso,
Um deserto interior, sombrio e misterioso.
Vazio, impotente, perco a essência,
Mas na alma, a poesia mantém a sua presença.

Na aridez da expressão, onde as palavras falham,
E os sentimentos, como folhas secas, se espalham,
A disposição poética, qual oásis distante,
Alimenta-me, fortalece, faz-me movente.

Em períodos longos, onde o silêncio reina,
E a criatividade, cativa, se detém, se acanha,
A poesia, silenciosa, persiste, insiste,
É a chama interna que na escuridão assiste.

O CASTELO DO SER

19

Não há versos, não há rima, apenas o silêncio,
Mas no abismo do nada, a poesia é o elixir.
Na sua suavidade, encontro o vigor,
Para atravessar o vazio, o temor.

No deserto da expressão, onde nada floresce,
A poesia, subtil, a dor arrefece.
É a ponte sobre o vazio, o caminho iluminado,
Onde o ser renasce, transformado.

Na solidão criativa, entre a impotência e a arte,
A poesia é o toque suave, parte a parte.
Não cessa, não desvanece, é constante,
Na vacuidade, é meu refúgio vibrante.

20

TRANQUILIDADE ETERNA

Nas terras do eterno, onde o tempo se dissolve,
A inquietude humana suavemente se resolve.
Medos, como folhas ao vento, se dispersam,
Na morte, as tempestades da alma revelam.

Com o último suspiro, liberta-se a alma,
As cadeias do medo perdem a sua palma.
Na quietude da eternidade, renasce a paz,
Onde o terror não é mais sagaz.

Ao cruzar o limiar, onde a vida se esvai,
O eco dos medos, finalmente, cai.
Na quietude da morte, encontramos abrigo,
Dos tormentos incessantes, obtemos o sigilo.

Na quietude da
eternidade, renasce a
paz,
Onde o terror não é
mais sagaz.

A PAZ DO ETERNO

Quando a alma se despede, os medos extinguem-se,
Na escuridão silente, as angústias restringem-se.
É um adeus às tempestades internas, uma libertação,
No reino da morte, encontramos redenção.

Ao final da jornada, quando a luz se apaga,
As sombras dos medos, silenciosamente, se desviam.
Na morte, encontramos um silêncio sereno,
Onde os temores não mais perturbam o terreno.

Na morte, os gritos silenciosos do medo,
Encontram o silêncio, o repouso, o enredo.
É o fim do terror, da angústia, da dor,
O início da paz, do eterno amor.

O RETORNO DA EXPRESSÃO

Na ausência prolífica, na escuridão estéril,
A disposição poética é meu sol, fértil.
Ilumina o vazio, preenche a ausência,
E na mudez, sussurra a essência.

No silêncio dos bosques, jazem trilhas esquecidas,
Caminhos grandiosos, por passos, não vencidos.
São estradas de sonhos, adormecidas,
Onde ecos de possibilidades residem escondidos.

O Retorno da
Expressão
O Retorno da
Expressão
O Retorno da
Expressão

23

A GRANDEZA INEXPLORADA

A cada encruzilhada, um universo se desdobra,
Grandes caminhos, em silêncio, a esperança engloba.
Eles são testemunhas dos passos que hesitamos,
Dos destinos grandiosos, que jamais abraçamos.

Paramos, observamos, e muitas vezes retrocedemos,
Diante dos grandes caminhos, tememos.
Na quietude da reflexão, na sombra da dúvida,
As trilhas não tomadas sussurram a sua magnitude.

Há um clamor subtil nos trilhos não tomados,
Ecos de aventuras, enredos não realizados.
Na vastidão do desconhecido, jaz a promessa,
De vidas não vividas, de uma inexplorada beleza.

Existem danças não dançadas, canções não
cantadas,
Nos grandes caminhos, não trilhados, mas
ansiados.

A DANÇA DAS POSSIBILIDADES

Na floresta da existência, somos viajantes,
Diante de trilhas imensas, hesitantes.
As grandes jornadas não tomadas, silenciosas,
Guardam segredos de vidas maravilhosas.

Existem danças não dançadas, canções não cantadas,
Nos grandes caminhos, não trilhados, mas ansiados.
E na galeria da memória, os ecos desses passos,
Ressoam a melodia dos abraços não dados.

Na travessia final, onde a vida se desfaz,
Os medos mortais perdem o seu compasso tenaz.
Ao morrer, adentramos um espaço sereno,
Onde os medos não residem, um universo pleno.

25

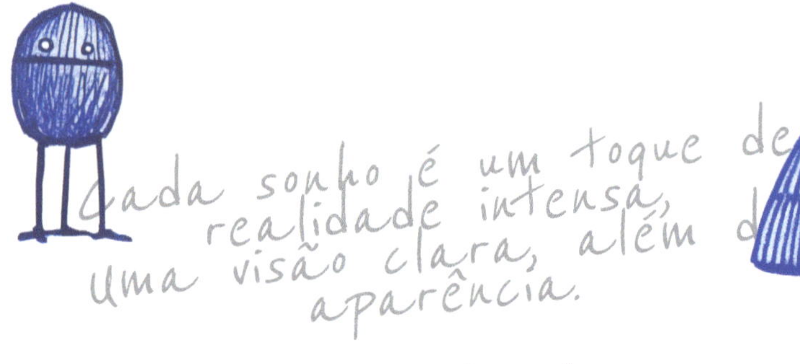

Castelos no ar? Não, são fortalezas na terra,
Refúgios de coragem, antídoto da guerra.
Sonhos são solos férteis, jardins florescentes,
Onde a alma dança, livre e contente.

Sonhos não flutuam, efémeros, nas nuvens dispersas,
Aninham-se no coração, universos de versos.
São alicerces de pedra, feitos para durar,
Pilares de existência, prontos para se concretizar.

Cada sonho é um toque de realidade intensa,
Uma visão clara, além da aparência.
Não são miragens distantes, mas destinos alcançáveis,
Jornadas desejadas, momentos inesquecíveis.

ALÉM DO EFÉMERO

O CASTELO DO SER

A FORÇA DOS SONHOS

Não são fantasias, mas a energia motriz,
Que no peito arde, clama, e nos faz feliz.
Sonhos são estrelas, não no céu, mas na mão,
Guiando cada passo na escuridão.

Sonhar não é fugir à realidade, mas abraçá-la,
É ver no hoje, o amanhã, e a esperança escalá-la.
Não são castelos no ar, mas na terra fincados,
Sonhos são o amanhã, por nossas mãos moldados.

Sonhos não são delírios, castelos flutuantes,
Mas sementes reais, almas vibrantes.
Não são ilusões vazias, mas promessas concretas,
De um amanhã bordado em metas.

A Força dos Sonhos
A Força dos Sonhos
A Força dos Sonhos

O CASTELO DO SER

DESTINOS ENTRELAÇADOS

Na jornada da vida, um destino partilhado,
Por trilhas diversas, somos todos convocados.
Não há uma via única, mas um mosaico de estradas,
Cada alma percorre a sua, iluminada ou encoberta.

Vamos ao mesmo lugar, por rotas dissonantes,
Cada passo, cada trilha, encerra destinos vibrantes.
Na diversidade dos caminhos, encontramos a unidade,
Uma dança subtil de destinos, em celebração da variedade.

Tecemos os nossos passos na teia da existência,
Caminhos diversos, marcados pela persistência.
Embora distintos, os nossos percursos entrelaçam-se,
No vasto tecido do ser, silenciosamente abraçam-se.

Tecemos os nossos passos na teia da existência,
Caminhos diversos, marcados pela persistência.

28

Ao mesmo lugar retornamos, por sendas diferentes,
Ecos de um destino, vozes resplandecentes.
Na pluralidade das vias, ouve-se a melodia única,
De almas que se reúnem, numa sinfonia mágica.

Cada um de nós, por vias próprias, avança,
Mas ao final, partilhamos uma dança.
Diversos caminhos, um destino entrelaçado,
Na tapeçaria da vida, um desenho revelado.

Não há uma estrada, mas um leque de possibilidades,
Cada caminho, com suas próprias qualidades.
E embora distintas, todas as trilhas se encontram,
No horizonte onde os sonhos se ancoram.

O FOGO E A ESCURIDÃO

Na dança eterna da noite e do fogo,
A humanidade se molda, num jogo.
Aprendendo a domar o medo profundo,
Que nasce nas trevas, neste mundo.

O fogo, símbolo de poder e revelação,
Contra a escuridão, é nossa salvação.
Nele, a humanidade se vê refletida,
Uma imagem de luta, de vida.

Na escuridão repentina, a alma se agita,
O desconhecido nos intimida, grita.
Mas o fogo, luz viva, nos guia,
Ilumina os caminhos, dissipa a agonia.

30

NAS CHAMAS, NOS DESCOBRIMOS

O medo, filho da noite, nos envolve,
Na escuridão imprevista, a coragem se dissolve.
Mas nas chamas, encontramos a aurora,
A luz que nos define, que nos explora.

Ao toque das chamas, somos transformados,
Do medo, surgem guerreiros aclamados.
Na luta contra a escuridão, uma centelha,
A humanidade se descobre, se espelha.

Cada chama, uma conquista do temor,
Na noite escura, anuncia o seu calor.
Somos feitos de luz e sombras entrelaçadas,
Na dança do fogo, almas marcadas.

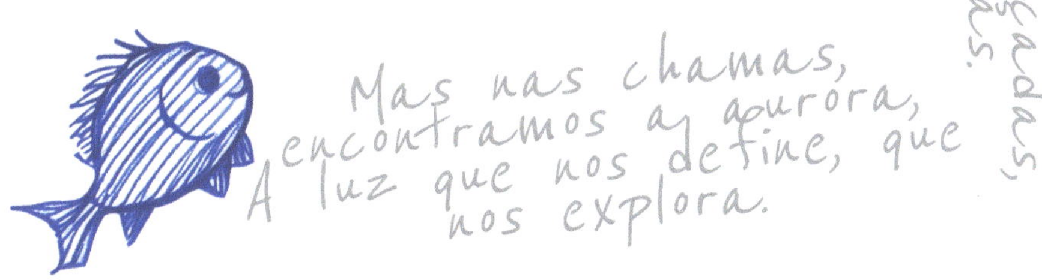

Nas profundezas do medo, emergem as chamas,
Desvendando mistérios, acendendo dramas.
Humanidade, filha do fogo e da noite,
Na escuridão, encontra o seu açoite.

A escuridão se desvanece, um sussurro na noite,
Sob o toque subtil da luz, foge, açoite.
Iluminação não é um facho de luz externo,
Mas conhecimento profundo, eterno.

Na alvorada do entendimento, sombras dispersam-se,
Na claridade do saber, as trevas submersas.
Cada raio de luz, um fragmento de conhecimento,
Dissipando a escuridão, despertar do pensamento.

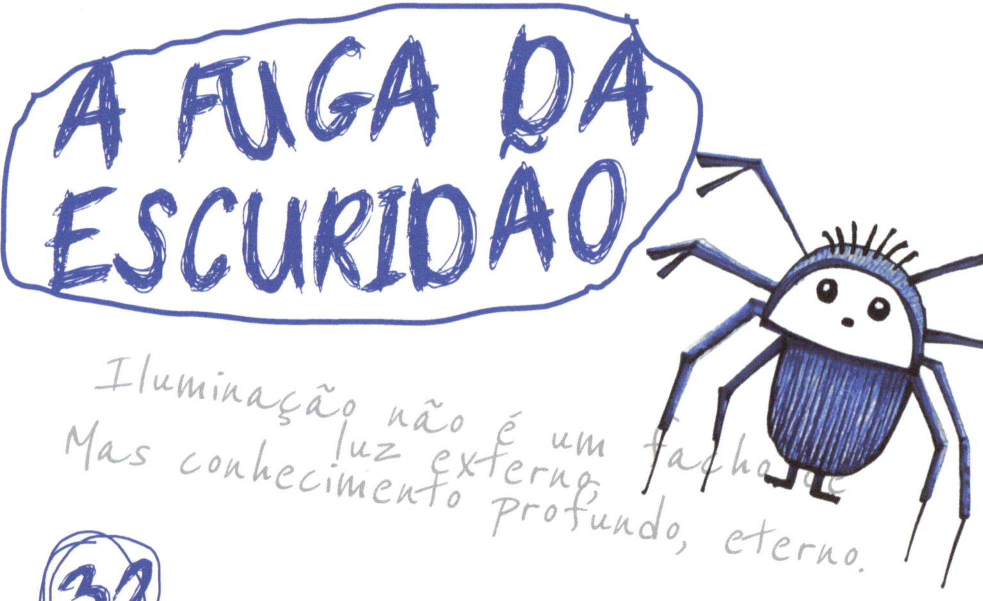

Iluminação, uma chama que arde interna,
Contra o vazio escuro, eternamente governa.
Não é apenas ver, mas entender,
Na profundeza do ser, nascer e renascer.

Onde o conhecimento toca, a escuridão se esvai,
Na luz da sabedoria, a ignorância não reina mais.
Somos seres de luz, tecidos em claridade,
Quando o saber floresce, desvenda a realidade.

Como estrelas no vasto céu, pontos de saber,
Iluminam a jornada humana, fazem-nos crescer.
Na constelação do conhecimento, cada luz,
É um pedaço de verdade, que nos conduz.

LUZ NA ALMA

A CONQUISTA DA LUZ

A escuridão não é o fim, mas o começo,
Onde a busca pelo saber, dá acesso.
À luz radiante do entendimento profundo,
Onde cada descoberta, faz o mundo fecundo.

A escuridão desaparece, não pela luz que invade,
Mas pelo conhecimento, na alma, liberdade.
Iluminação é a jornada do escuro à clareza,
Onde a verdade resplandece, na sua nobreza.

Iluminação é a
jornada do escuro
à clareza,
Onde a verdade
resplandece, na
sua nobreza.

34

SONHAR O CAMINHO

Os grandes caminhos, ainda lá estão,
Com os braços abertos, um convite, uma canção.
E mesmo não tomados, guardam a magia,
Daquilo que poderia ter sido, a poesia da ousadia.

Não construímos castelos no vazio, mas na alma,
Onde cada desejo é uma chama, uma palma.
Sonhos são estruturas, edificados no ser,
Monumentos de esperança, prontos para renascer.

E mesmo não tomados, guardam
a magia,
Daquilo que poderia ter sido, a
poesia da ousadia.

O MUNDO INVISÍVEL

No íntimo, um universo invisível,
Feito de sonhos, imprevisível.
Com a arte, dava forma, cor,
Ao amor, à dor, ao labor.

Em cada esboço, em cada linha traçada,
A alma dançava, encantada.
Por trazer à luz, à vida, à existência,
O invisível, na tangível resistência.

A magia não envelhece, é eterna e viva,
Como ondas do mar, incessante e altiva.
Mesmo quando o tempo grava as suas marcas,
A chama da criação arde, e não se embarca.

Em cada esboço, em cada linha traçada,
A alma dançava, encantada.

A DANÇA DA ARTE

Na tela da existência, onde a arte floresce,
Um público se desenha, e à criação, obedece.
São olhos que contemplam, almas que sentem,
Na sinergia silenciosa, artistas e espetadores se
mantêm.

Cada pincelada, cada nota, cada verso,
Encontra eco no olhar, diverso.
A arte não vive na solidão do seu criar,
Mas na presença de quem vem para olhar.

O público, reflexo vivo da expressão artística,
Responde, reage, numa dança magnética.
Na troca silenciosa, a arte se completa,
É no olhar do outro, que a criação se concreta.

A ARTE DAS EMOÇÕES

As cores intensificam-se, as melodias ressoam,
Quando olhos e ouvidos, testemunhas, ecoam.
A arte é um diálogo, uma conversa muda,
Onde a plateia respira vida, e a obra, acuda.

Em cada passo, gesto, a audiência dança,
Movendo-se ao ritmo da arte, uma esperança.
São corações pulsando ao som da criação,
Uma comunhão de espíritos, em celebração.

Na quietude do contemplar, respostas se desenham,
As questões lançadas pela arte, que acenam.
Neste diálogo místico, entre criar e receber,
A magia da arte, juntos, aprendemos a ler.

A arte não é arte, sem olhares que a tocam,
Sem corações que, em silêncio, a provocam.
A audiência é o toque final, a última pincelada,
Na obra majestosa, eternamente gravada.

Termino não por querer, mas por medo de deixar,
Na incerteza do abandono, escolho ficar.
Cada conclusão, uma confissão de impotência,
Onde a valentia se perde, na reticência.

O TOQUE FINAL

Danço até o fim, não pela paixão da dança,
Mas pelo temor da retirada, uma lança.
Cada passo é um eco do medo de parar,
Onde a bravura se recusa a morar.

Na orquestra da vida, toco a última nota,
Não pela melodia, mas pelo silêncio que brota.
É o medo de desistir, que me guia à conclusão,
Onde a coragem se omite, em desolação.

Concluo não pela força, mas pela fraqueza,
Não é a bravura, mas o temor que me enfeita.
Cada fim é um recuo, um silêncio profundo,
Onde a coragem se esconde, no mundo.

A DANÇA INCOMPLETA

A Dança Incompleta
A Dança Incompleta

O ECO DO MEDO

Ecoa em mim, a sinfonia da conclusão,
Não uma obra de arte, mas de renúncia, então.
A coragem se afasta, e o medo compõe,
A melodia do término, que em mim ecoa.

Chego ao fim, não triunfante, mas receosa,
É o medo, não a valentia, que me faz laboriosa.
Na sombra da coragem, o temor reside,
E cada término, na covardia, se decide.

Concluir é o ato covarde de quem teme abandonar,
Na incerteza do desistir, escolho terminar.
É uma vitória não da coragem, mas do medo,
Na dança da vida, um passo leve, mas cedo.

ILUMINADOS NA BATALHA

Mesmo quando as estrelas se apagam,
E a noite escura envolve a alma,
Na luta, uma centelha, um sinal,
Proclama que a esperança é imortal.

Em campos estéreis, onde a fé se desvanece,
Guerreiros dançam, e a esperança aquece.
Nas trincheiras da desolação,
A luta é o canto, a ressurreição.

Sem promessas, sem amanhãs dourados,
Na batalha, somos iluminados.
Cada golpe, cada resistir,
É um farol de esperança a insistir.

NO SILÊNCIO DA DESESPERANÇA

Quando o silêncio da desesperança ressoa,
Na luta, uma melodia valente ecoa.
No campo de batalha, desprovido de luz.
A resistência é o canto, que nos conduz.

Sem aurora, sem claridade à vista,
No combate, a esperança persiste.
É a canção não cantada, o sonho não sonhado,
No coração da batalha, somos consagrados.

Na noite eterna, onde o desespero reside,
Na luta, cada golpe, uma estrela decide.
E o cosmos não visto, a galáxia não explorada,
Na resistência, a esperança é sagrada.

No campo de batalha,
desprovido de luz,
A resistência é o canto,
que nos conduz.

DIÁLOGO DE ALMAS

Sem luz, sem amanhã prometido,
Na guerra, o hoje é vivido.
E no coração pulsante do combate,
Reside a esperança, incessante.

No meio do ruído, uma melodia surge,
A voz do outro lado, suave, emerge.
No silêncio atento, as palavras dançam,
Teias de entendimento, esperanças lançam.

Aos ecos familiares, uma pausa, um desvio,
Ao encontro de sussurros, um universo bravio.
Na escuta, as fronteiras se desfazem,
Conexões invisíveis, almas abraçam.

No silêncio atento, as palavras dançam,
Teias de entendimento, esperanças lançam.

44

Além do visível, do tangível, do conhecido,
Reside com o outro, universo inexplorado,
erguido.

Entre o aqui e o ali, pontes sonoras formam-se.
Ao toque da escuta, universos transformam-se.
A voz do outro lado, um mistério, uma luz,
No silêncio recetivo, a verdade se traduz.

Espelho sonoro, o outro se revela,
Na quietude atenta, a compreensão singela.
Cada palavra, um eco, um mar profundo,
Na escuta, somos um, mundo sem fim, fecundo.

Além do visível, do tangível, do conhecido,
Reside com o outro, universo inexplorado, erguido.
Na escuta sincera, portas se abrem,
Almas entabulam-se, horizontes se expandem.

O REFLEXO ESCUTA

Na escuta sincera, portas se abrem,
Almas entabulam-se, horizontes se
expandem.

45

Na melodia do escutar, somos ma
céu,
Onde o outro ressoa, universo f

Na coreografia do silêncio, movimento subtil,
A voz do outro dança, tecendo o abril.
É primavera na escuta, renovação,
Onde o outro se torna canção, revelação.

Ouvir é um ato de amor, uma entrega,
Ao mundo do outro, a alma se agrega.
Na melodia do escutar, somos mar e céu,
Onde o outro ressoa, universo fiel.

A DANÇA DAS VOZES

Dança das Vozes
A Dança das Vozes

46

MEMÓRIAS TECIDAS

Todos nós somos ecos do ontem,
Filhos de memórias, herança que não desmente.
As nossas raízes se entrelaçam nas estrelas,
Somos contos antigos, histórias belas.

Cada passo que damos é um reflexo,
De jornadas passadas, um pretexto.
Somos navegantes de mares ancestrais,
Ecos de vozes, contos imortais.

As nossas almas são tecidas de lembranças,
Dançam ao som de antigas esperanças.
Cada um de nós, uma tapeçaria do passado,
Onde os fios do tempo estão entrelaçados.

AS CANÇÕES ANCESTRAIS

Como rios que fluem das montanhas distantes,
Carregamos em nós, os sussurros vibrantes.
De gerações passadas, somos a continuidade,
O passado vive na nossa atualidade.

Nas melodias do vento, ouvimos os ecos,
De vozes ancestrais, segredos e anseios.
Somos a canção que nunca se silencia,
O passado ressoa na nossa melodia.

Olhamos para o céu, vemos constelações,
Mapas das nossas origens, antigas canções.
Cada estrela, um pedaço do nosso ser,
Somos cosmos antigo, em constante renascer.

O JARDIM DO PASSADO

Nas flores, nas árvores, o passado vive,
Em cada folha que cai, uma história insiste.
Somos jardim de memórias, cores do ontem,
Na dança da existência, o passado é sempre presente.

Cultivo cada pensamento como uma flor preciosa,
Na eternidade do tempo, cada ideia é valiosa.
Guardiã sou, das cores e aromas do saber,
Na jardinagem do tempo, aprendo a viver.

Nos meus olhos, o reflexo de mil épocas se encontra,
Cada ideia, um tomo, uma história pronta.
Guardo-as como joias, tesouros da humanidade,
Na biblioteca do tempo, reino da eternidade.

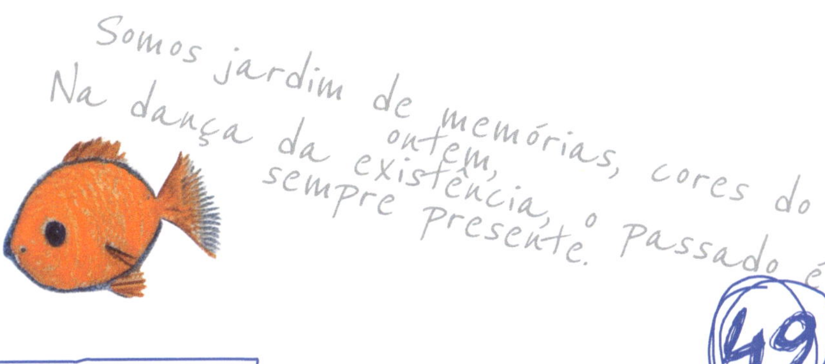

49

ECOS DAS ERAS

As ideias que guardo não são minhas, mas do mundo,
Ecos das eras, profundas, fecundas.
Como um farol, iluminam os séculos,
Na escuridão do desconhecido, são vértices.

Cada ideia é um passaporte para uma era distante,
Guardiã sou, mas também viajante.
Nas asas do tempo, viajo e retorno,
Com tesouros do passado, eterno contorno.

Sou a porteira dos pensamentos imortais,
Guardiã das ideias, que nos mares temporais,
Viajam, dançam, ecoam nas eras,
Testemunho vivo das quimeras.

50

Teço as ideias, entrelaço os séculos,
Nas tramas do tempo, encontro os vértices.
Guardiã sou, das tapeçarias do existir,
Onde cada fio é um milénio a insistir.

Nas águas profundas do saber, mergulho,
Guardiã das ideias, sob o luar, me orgulho.
Na maré do tempo, sou navio e farol,
Testemunha das eras, eterno arrebol.

O OCEANO DO CONHECIMENTO

Mas no palco do agora, a vida acontece,
É o solo sagrado onde o ser se tece.

A DANÇA DO AGORA

Nas sombras do amanhã, olhares se perdem,
No passado imutável, almas se prendem.
Mas no palco do agora, a vida acontece,
É o solo sagrado onde o ser se tece.

Entre os ecos do foi e o mistério do vir,
Perdemo-nos, ansiedade a insistir.
Mas é no presente, na dança do agora,
Que a vida se colore, se explora.

As águas do passado, rios imóveis,
O futuro, oceanos inalcançáveis.
Mas o presente é um lago sereno,
Onde cada gota de vida, é um poema.

Nas sombras do amanhã, olhares se perdem,
No passado imutável, almas se prendem.

O ontem é uma flor murcha, o amanhã, uma semente,
Mas hoje, ah!, hoje é um jardim florescente.
Cada momento, uma flor que se desabrocha,
Na terra fértil do agora, a vida se toca.

Na escuridão do futuro incerto, olhos assustados,
No passado imutável, corações marcados.
Mas no presente, o sol no jardim brilha intenso,
Iluminando cada passo, cada pensamento.

53

PÁSSARO SOBERANO: UM POEMA DE LIBERDADE

As melodias do passado são ecos silenciosos,
As canções do futuro, sonhos nebulosos.
Mas a música do agora é viva, vibrante,
Na dança do presente, somos amantes.

Entre ofertas e permutas, caminho livre,
Não há moeda que compre, nem poder que me livre.
Sou pássaro soberano, em céus abertos,
Eu, inegociável, nos universos descobertos.

Na dança da existência, constante e fluida,
Persisto inviolável, alma intrépida.
Entre trocas e ofertas, permaneço inteira,
Eu, inegociável, a primeira e derradeira.

O castelo do sur   O castelo do sur   O castelo do sur

No mercado da vida, onde tudo é troca,
O meu ser é um castelo, fortaleza que não se aboca.
É território sagrado, inalienável,
Na economia da existência, intocável.

No castelo do agora, somos reis e rainhas,
Longe das sombras do ontem e das linhas
Do incerto amanhã. Aqui, no pulsar presente,
A vida é um quadro colorido, eloquente.

O CASTELO DO SER

No castelo do agora, somos reis e rainhas, Longe das sombras do ontem e das linhas

55

Como ouro puro, valor inestimável,
Caminho com a certeza de um rei inabalável.
Negociar-me? Jamais, sou relíquia rara,
Na tapeçaria do universo, estrela clara.

Como uma joia rara, preciosa e ímpar,
Não me rendo, não me troco, não me desamparo.
Cada facetada do meu ser é uma constelação,
Inegociável, resplandecendo em imensidão.

O OURO DO SER

O CASTELO DO SER

LUZES NA PRAÇA DO MUNDO

Na praça do mundo, onde valores se misturam,
O meu ser é um templo, onde luzes se asseguram.
Não se vende, não se compra, não se rende,
Na transação da vida, o meu eu se defende.

No teatro da existência, onde máscaras caem,
A minha autenticidade é luz que os véus desmaiam.
Inegociável, intacta, eternamente pura,
Caminho com a dignidade dos céus, segura.

Mensageiros do Infinito

MENSAGEIRO DO INFINITO

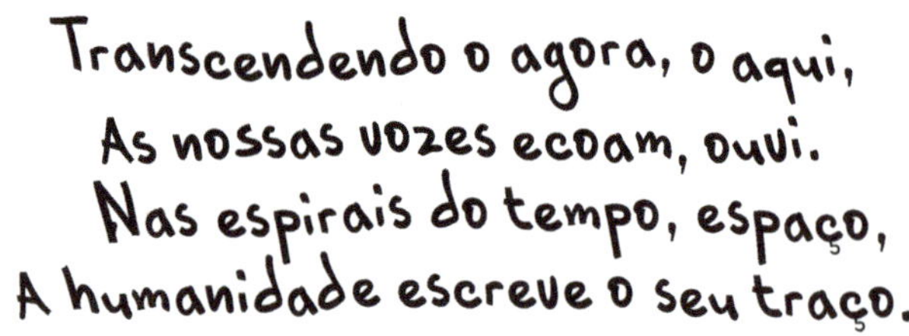

Transcendendo o agora, o aqui,
As nossas vozes ecoam, ouvi.
Nas espirais do tempo, espaço,
A humanidade escreve o seu traço.

Ideias, sonhos, visões e saberes,
Atravessam eras, como alvoreceres.
Somos mensageiros do eterno,
Guardiões do fogo, interno.

Cada respiração, um eco de vidas passadas,
Na tela do agora, cem histórias são pintadas.
Na orquestra dos dias e no silêncio das noites,
A eternidade se desdobra, suave e açoite.

Mensageiros do Infinito

Mensageiros do Infinito

58

O CASTELO DO SER

Como rios que se encontram, convergem,
As nossas ideias fluem, emergem.
No oceano do coletivo, marés,
Criam ondas de saber, fé.

Como um rio que flui, assim é o tempo,
Cem vidas navegadas, no silêncio, no vento.
Cada onda, um dia, cada corrente, uma noite,
Na jornada da existência, somos açoite.

Fluindo lentamente, o rio da memória
Carrega séculos de histórias, vitórias.
Na serenidade do autor, águas profundas e claras,
Refletem a dança das eras raras.

RIOS DE SABER

59

A TRILHA DO ARTISTA

Pelos corredores do tempo, ecoa uma melodia,
Da criança que sonha, à sabedoria da poesia.
Cada passo, cada obra, um rito,
Na jornada do artista, infinito.

Na paciência do artista, um jardim floresce,
Onde cada flor, cada folha, enaltece.
O tempo se comprime, se dobra, se desfaz,
Na alquimia da palavra, efémero e paz.

Cada obra, nota de uma canção infinita,
Que na alma do artista, habita.
E no ato de criar, de dar à luz,
Ressurge a criança, sua cruz.

Pelos corredores do tempo, ecoa
uma melodia,
Da criança que sonha, à
sabedoria da poesia.

60

Num mundo onde os fios invisíveis tecem,
Acreditamos, erroneamente, que se esvaem.
Somos ilhas, pensamos, sozinhos a navegar,
Mas, na verdade, em oceanos de almas,
estamos a dançar.

Como almas em parada, assim desfilam os dias,
E as noites, silentes, guardiãs das melodias.
Cem vidas, mascaradas, dançam ao som do vento,
Na passarela do tempo, movimento e alento.

Em cada encontro, o universo se abraça,
Almas, estrelas, em graça.
Não somos ilhas, mas cosmos, constelação,
Na dança da vida, união.

Num mundo onde os fios invisíveis tecem,
Acreditamos, erroneamente, que se esvaem

61

A FESTA DO SER

Voamos juntos através dos éons,
Ecos de seres, gerações, canções.
Cada nota, palavra, pensamento,
Viaja o universo, sem detrimento.

No nosso peito, corações pulsantes,
Ecos de eras, instantes.
Na dança coletiva do existir,
Encontramos a arte de unir.

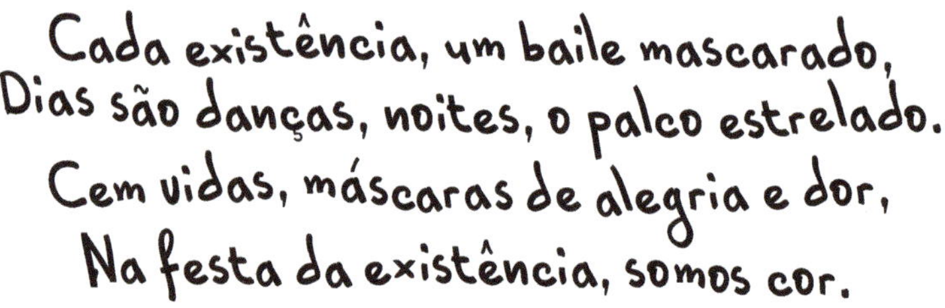

Cada existência, um baile mascarado,
Dias são danças, noites, o palco estrelado.
Cem vidas, máscaras de alegria e dor,
Na festa da existência, somos cor.

O JARDIM DO TEMPO

Paciente, o jardineiro do tempo poda e cuida,
Cada flor, um século, na eternidade lida.
Na compressão poética, cores e aromas se fundem,
E na dança silenciosa, as eras se cumprem.

Flores de todas as cores, formas, fragrâncias,
Representam as nossas almas, essências.
No jardim global, partilhamos raízes,
E juntos, o universo, matizes.

No jardim de estrelas, as noites florescem,
Nos campos solares, os dias aquecem.
Cem existências, botões de infinitas cores,
Na paleta da vida, somos pintores.

Entre o passado, presente, futuro,
Um diálogo subtil, puro.
Transmitimos a chama, a luz,
Na dança do tempo, que nos conduz.

De um canto ao outro do globo vasto,
Mentes se encontram, rastro.
Na união de pensamentos, sentimentos,
Desenha-se a arte dos momentos.

Não somos peças isoladas, mas mosaico,
Cores, formas, em sinfónico baile caótico.
Na dança das eras, encontros, fusões,
Celebramos a magia das multidões.

O ENCONTRO DAS MENTES

Mesmo quando o tempo grava as suas marcas,
A chama da criação arde, e não se embarca.

64

Obrigado!